Biblioteca **Âyiné**

Isaiah
Berlin

Âyiné

Biblioteca Âyiné 28

Isaiah Berlin
Uma mensagem
para o século XXI
*The Pursuit of the Ideal (The Crooked Timber of Humanity)
A Message to the Twenty-first Century*

© Editora Âyiné,
4ª ed., 2023.

TRADUÇÃO
André Bezamat

PREPARAÇÃO
Mariana Delfini
Sandra Martha Dolinsky

REVISÃO
Fernanda Alvares
Juliana Amato

IMAGEM DE CAPA
Julia Geiser

PROJETO GRÁFICO
Daniella Domingues
Renata de Oliveira Sampaio

ISBN 978-65-5998-079-6

Âyiné

DIREÇÃO EDITORIAL
Pedro Fonseca

COORDENAÇÃO EDITORIAL
Luísa Rabello

DIREÇÃO DE ARTE
Daniella Domingues

COORDENAÇÃO DE COMUNICAÇÃO
Clara Dias

ASSISTÊNCIA DE DESIGN
Laura Lao

CONSELHO EDITORIAL
Simone Cristoforetti
Zuane Fabbris
Lucas Mendes

Praça Carlos Chagas, 49. 2º andar.
Belo Horizonte 30170-140
+55 31 3291-4164
www.ayine.com.br | info@ayine.com.br

Uma mensagem para o século XXI

Isaiah Berlin

TRADUÇÃO
André Bezamat

Âyiné

9 A procura do ideal

57 Uma mensagem
para o século xxi

A procura do ideal

I

Há dois fatos que, na minha opinião, moldaram a história humana do século xx. Um deles é o desenvolvimento das ciências naturais e da tecnologia, certamente o maior sucesso de toda a nossa história — em relação a isso, já se dedicou uma enorme e crescente atenção por toda parte. O outro, sem sombra de dúvida, consiste no grande vendaval de ideias que mexeu com a vida da humanidade inteira: a Revolução Russa e seus desdobramentos — tiranias totalitárias tanto de direita quanto de esquerda e as explosões de nacionalismo, racismo e, em alguns lugares, de intolerância religiosa, que, surpreendentemente, nem sequer um dentre os mais perspicazes pensadores sociais previra.

Quando nossos descendentes, no prazo de dois ou três séculos (se a humanidade sobreviver até lá), voltarem sua atenção para nossa época, esses dois fenômenos serão tidos, penso eu, como as características mais marcantes de nosso século — as que mais exigirão nossa explicação e análise. Mas vale ressaltar que esses movimentos surgiram de ideias geradas na mente de pessoas: ideias sobre como as relações entre homens têm se desenvolvido, como estão se dando e o que deveriam se tornar; e vale destacar também como elas vieram a se transformar em objetivos supremos na mente dos líderes, acima de tudo dos profetas com exércitos a seu dispor. Tais ideias são a substância da ética. O pensamento ético consiste justamente no exame sistemático das relações entre seres humanos, conceitos, interesses e ideais que surgem a partir da maneira como as interações humanas se dão, assim como do sistema de valores nos quais tais fins são baseados. Essas crenças em como a vida deveria ser regulada, no que homens e mulheres devem ser e fazer, são objeto de investigação moral; e, quando aplicadas aos grupos e às nações, e mesmo à raça humana como um todo, são chamadas de filosofia política, o que, em verdade, não passa de ética aplicada à sociedade.

Se quisermos realmente buscar entender o mundo, tantas vezes violento, em que vivemos (e, a menos que tentemos entendê-lo, não se pode esperar que saibamos como agir racionalmente a seu respeito e dentro dele), não podemos restringir nossa atenção às grandes forças impessoais, sejam naturais ou produto das ações humanas, que agem sobre nós. Os objetivos e as razões que guiam a ação humana devem ser analisados à luz de tudo aquilo que entendemos e sabemos; suas raízes e evolução, sua essência e, acima de tudo, sua validade precisam ser examinadas de maneira crítica com todo recurso intelectual de que dispomos. Essa necessidade urgente, independente do valor intrínseco da descoberta da verdade no que diz respeito às relações humanas, faz da ética um campo de estudo da maior importância. Somente os bárbaros não têm curiosidade em saber de onde vieram, como chegaram a ser o que são, aonde parecem estar indo, se desejam rumar nessa direção e, se querem, por quê, e, se não, por que não.

O estudo da variedade de ideias sobre as visões de vida que incorporam tais valores e seus fins é algo a que dediquei quarenta anos de minha longa vida, tentando esclarecê-los para mim mesmo. Gostaria de dizer alguma coisa sobre como esse assunto absorveu minha atenção durante tantos anos, e especialmente sobre o momento-chave que mudou meus pensamentos e meus sentimentos a respeito dele. Isso acabará, inevitavelmente, se tornando uma espécie de autobiografia — por isso, já peço minhas sinceras desculpas, mas não encontro outra forma de me expressar sobre o tema.

II

Quando eu era muito jovem, li *Guerra e paz*, de Tolstói. O verdadeiro impacto que o romance teve sobre mim só se mostrou mais tarde, junto com o de outros escritores russos, tanto romancistas quanto pensadores sociais, da metade do século XIX. Esses autores contribuíram muito para minha formação. Parecia-me, e na verdade ainda me parece, que o objetivo desses escritores não se concentrava em contar de forma realista a relação entre as pessoas, grupos e classes em seus aspectos sociais e psicológicos — ainda que, obviamente, os melhores deles tenham conseguido exatamente isso, e de forma incomparável. Eu tinha a impressão de que a abordagem deles era essencialmente moral: estavam mais preocupados com a causa da injustiça, da opressão, da falsidade nas relações humanas, do aprisionamento (seja por muralhas de pedra ou pelo conformismo da submissão dócil ao jugo humano), da cegueira moral, do egoísmo, da crueldade, da humilhação, do servilismo, da pobreza, do desamparo, da indignação, do amargor, do desespero por parte de tantos. Em suma, estavam preocupados com a natureza de todas essas experiências e com suas raízes na condição humana: as condições da Rússia em primeiro lugar, mas, por conseguinte, de toda a humanidade. E, de maneira inversa, almejavam saber o que proporcionaria o oposto de tudo isso, ou seja, um reino da verdade, do amor, da honestidade, da justiça, da segurança, das relações baseadas na dignidade humana, na decência, na independência, na liberdade e no bem-estar espiritual.

Alguns, como no caso de Tolstói, encontraram tudo isso no olhar de pessoas simples, intocadas pela civilização; como Rousseau, ele queria acreditar que o universo moral dos plebeus não era distinto daquele das crianças, livres das distorções convencionais e institucionais da civilização, originárias dos vícios humanos — cobiça, egoísmo, cegueira espiritual; que o mundo poderia ser salvo se ao menos o homem visse a verdade que jaz sob seus pés; bastava que olhassem para os evangelhos cristãos, os sermões da montanha. Alguns outros dentre esses russos colocaram sua fé no racionalismo científico ou na revolução política e social fundada sobre uma verdadeira teoria de mudança da história. Outros, ainda, voltaram-se para as respostas nos ensinamentos da teologia ortodoxa, para a democracia liberal ocidental ou mesmo para um retorno aos antigos valores eslavos, ofuscados pelas reformas de Pedro, o Grande, e seus sucessores.

O denominador comum de todas essas perspectivas era a crença de que havia soluções para todos os problemas, que alguém poderia encontrá-las e, com uma boa dose de esforços altruístas, realizá-las na terra. Todos eles acreditavam que a essência do ser humano era poder escolher como viver; sociedades poderiam ser transformadas sob a luz de verdadeiros ideais graças a uma boa dose de fervor e de dedicação. Se, como Tolstói, eles achavam algumas vezes que o homem não era verdadeiramente livre, e sim coagido por variáveis fora de seu controle, sabiam muito bem — como o próprio Tolstói — que, se a liberdade fosse uma ilusão, seria, portanto, uma ilusão sem a qual não poderíamos viver ou pensar. Nada disso era parte de meu currículo escolar, que consistia em estudar autores gregos e latinos, mas guardei comigo.

Quando ingressei na Universidade de Oxford, comecei a ler as obras dos grandes filósofos e achei que as figuras principais, especialmente no campo do pensamento político e ético, também acreditavam em tudo isso. Sócrates pensava que, se a certeza sobre o mundo exterior pudesse ser estabelecida em nosso conhecimento por métodos racionais (Anaxágoras não tinha chegado à verdade de que a Lua era muitas vezes maior que o Peloponeso, mesmo parecendo muito menor?), esses mesmos métodos racionais iriam, sem dúvida, suscitar igual certeza no campo do comportamento humano — como viver, o que ser. Isso poderia ser atingido pela via dos argumentos racionais. Platão pensava que uma elite de sábios que chegasse a tal certeza deveria receber o poder de governar os outros intelectualmente menos dotados, em obediência aos parâmetros ditados pelas soluções corretas dos problemas sociais e pessoais. Os estoicos defendiam que o caminho para essas soluções estava ao alcance de qualquer um que se dispusesse a viver de acordo com a razão.

Judeus, cristãos, muçulmanos (eu conhecia muito pouco acerca do budismo) acreditavam que a resposta verdadeira fora revelada por Deus aos seus profetas e santos, e aceitavam a interpretação dessas verdades reveladas pelos professores qualificados e pelas tradições às quais pertenciam.

Os racionalistas do século XVII entendiam que as respostas poderiam ser encontradas por uma espécie de *insight* metafísico, uma aplicação particular da luz da razão da qual todo homem gozava. Os empíricos do século XVIII, maravilhados com as vastas áreas do conhecimento descortinadas pelas ciências naturais calcadas nas técnicas matemáticas — as quais dissiparam tantos erros, superstições, dogmatismos sem sentido —, perguntavam-se, como o fez Sócrates, por que os mesmos métodos não poderiam também funcionar na construção de leis irrefutáveis no campo das relações humanas. Tendo em mãos os novos métodos descobertos pelas ciências naturais, uma ordem também poderia ser introduzida na esfera social — uniformidades poderiam ser observadas, e as hipóteses, formuladas e comprovadas por meio de experimentos; sobre elas se baseariam leis, e posteriormente essas mesmas leis levariam a leis mais específicas em campos ainda mais circunscritos; por sua vez, essas leis específicas seriam ramificações de outras mais gerais, e por aí adiante, até que um sistema completo e harmonioso, todo interconectado por elos lógicos inquebrantáveis e passíveis de serem elaborados em termos precisos — ou seja, matemáticos —, pudesse ser erigido.

A reorganização racional da sociedade decretaria o fim da confusão intelectual e espiritual, da obediência cega aos dogmas não analisados e da estupidez e crueldade cultivadas e promovidas pelos inúmeros regimes opressivos. Bastava identificar as necessidades humanas e descobrir os meios para satisfazê-las, criando o mundo feliz, justo, virtuoso e harmonioso que Condorcet previra de forma tão tocante em sua prisão, no ano de 1794. Essa visão é a base de todo o pensamento progressista do século XIX e estava no centro de todo o empirismo crítico que absorvi como estudante em Oxford.

III

Em algum momento, percebi que aquilo que todas essas visões tinham em comum era o ideal platônico: em primeiro lugar, assim como nas ciências, todas as perguntas genuínas precisavam ter uma única resposta verdadeira, sendo, pois, todo o resto necessariamente errado; em segundo lugar, que é preciso existir um caminho específico a ser percorrido para chegar a essas verdades; e, em terceiro lugar, que essas verdades, quando postas à luz, são necessariamente compatíveis entre si e formam um todo singular, dado que uma verdade não pode ser incompatível com outra — algo que já sabemos *a priori*. Essa espécie de onisciência seria a solução de todo o quebra-cabeça. No caso das morais, poderíamos então conceber como o mundo perfeito deveria ser fundado, como ele seria, em um entendimento correto das regras que regem o universo.

Na verdade, pode ser que jamais cheguemos a essas condições de conhecimento perfeito — talvez não disponhamos da força de espírito necessária ou sejamos demasiado corruptos e pecadores para lograr tal feito. Os obstáculos, tanto intelectuais como de natureza externa, podem se apresentar aos borbotões. Além do mais as opiniões, como venho argumentando, haviam se diferenciado sobremaneira em relação ao caminho certo a percorrer — alguns o viram na igreja, outros, no laboratório; alguns se voltaram para a intuição, outros, para o experimento, visões místicas ou fórmulas matemáticas. Mas, mesmo que não pudéssemos por nós mesmos alcançar tais respostas, ou melhor, o sistema final que interligasse todas elas, as respostas tinham que existir — caso contrário, as perguntas não seriam reais. As respostas tinham que ser de conhecimento de alguém; talvez Adão no Paraíso as possuísse; talvez somente as vislumbremos no fim dos dias; se os homens não têm a capacidade de conhecê-las, talvez os anjos a tenham; e, se não estiverem sob os domínios dos anjos, então Deus as possui. As verdades atemporais devem, em princípio, ser conhecidas.

Alguns pensadores do século XIX — Hegel e Marx — achavam que não era assim tão simples. Havia um desenvolvimento histórico, mudança contínua; horizontes humanos alterados em cada passo da escada evolutiva; a história era uma peça de teatro com vários atos; era movida por conflitos e forças, algumas vezes denominadas dialéticas, nos campos tanto das ideias quanto da realidade — conflitos que tomaram forma de guerras, revoluções, violentas insurreições de nações, classes, culturas, movimentos.

No entanto, após inevitáveis retrocessos, fracassos, relapsos, retornos à barbárie, o sonho de Condorcet se tornaria realidade. A peça teria um final feliz — a razão humana, já tendo atingido triunfos no passado, não poderia ser constrangida para sempre.

Os homens nunca mais seriam vítimas da natureza ou de suas próprias sociedades irracionais; a razão triunfaria, a cooperação universal harmoniosa, a história verdadeira, tudo isso finalmente começaria.

Pois, se isso não fosse verdade, as ideias de progresso e história teriam algum significado? Não haveria um movimento, mesmo que deveras tortuoso, da ignorância para o conhecimento, do pensamento místico e infantil à percepção da realidade *vis--à-vis*, do conhecimento de objetivos e valores verdadeiros à verdade dos fatos? Pode a história ser uma sucessão de eventos sem nexo, causados por uma mistura de fatores materiais jogados em uma seleção randômica, uma história cheia de som e fúria sem sentido algum? Isso era impensável. Chegaria o dia em que homens e mulheres tomariam a vida em suas próprias mãos e deixariam de ser seres egoístas ou joguetes de forças ocultas que não compreendiam. Não era impossível, para dizer o mínimo, conceber como seria um paraíso terrestre de tal magnitude; e, se fosse possível concebê-lo, era nosso dever, sob qualquer ritmo, tentar caminhar em sua direção. Esse tem sido o centro do pensamento ético dos visionários gregos aos cristãos da Idade Média, da Renascença ao pensamento progressista do século passado; e, se pararmos para ver, é a crença de muitos nos dias de hoje.

IV

Em certo ponto dos meus estudos, naturalmente me deparei com as maiores obras de Maquiavel. Elas me deixaram uma profunda e duradoura impressão e acabaram influenciando minhas crenças de então. Além dos ensinamentos mais óbvios — por exemplo, como adquirir e manter o poder político, de quais forças e astúcias os governantes devem lançar mão para regenerar suas sociedades, proteger a si mesmos e seus estados dos inimigos internos ou externos, as principais qualidades dos governantes e dos cidadãos para que a convivência fosse cultivada e melhorada —, aprendi com elas algo a mais. Maquiavel não era um historiador: ele acreditava ser possível restaurar algo nos moldes da República romana ou da Roma do antigo principado. Achava que para tal eram precisos uma classe de governantes corajosos, habilidosos, inteligentes e bem-dotados que soubesse como aproveitar oportunidades e cidadãos que fossem adequadamente protegidos, patrióticos, orgulhosos de seu Estado, ou seja, encarnações das virtudes pagãs. Foi assim que Roma subiu ao poder e conquistou o mundo, e foi a ausência desse tipo de sabedoria, coragem e vitalidade na adversidade, qualidades tanto dos leões quanto das raposas, que no final arrastou o império para seu fim. Estados decadentes foram conquistados por invasores vigorosos que mantiveram consigo essas virtudes.

No entanto, Maquiavel também alinhou com sua teoria a noção de valores cristãos — humanidade, aceitação do sofrimento, desapego mundano e a esperança da salvação na vida após a morte —, deixando claro que, se (e ele se postava totalmente a favor) um Estado nos moldes romanos tivesse de ser erigido, essas qualidades não o promoveriam: aqueles que vivessem sob os preceitos da moralidade cristã estariam sujeitos a ser esmagados por aqueles que perseguissem implacavelmente o poder e que conseguissem, sozinhos, recriar e dominar a república por ele visualizada. Ele não condenava as virtudes cristãs; somente apontava que as duas moralidades eram incompatíveis e não reconhecia um critério abrangente pelo qual seria possível deliberar a vida correta para o homem. A combinação de *virtù* e valores cristãos é impossível para ele. Ele simplesmente deixava que cada um escolhesse — ele sabia bem sua própria preferência.

Isso plantou em minha mente a percepção, que veio como uma espécie de choque, de que nem todos os supremos valores perseguidos pela humanidade agora e no passado são necessariamente compatíveis uns com os outros. Isso minou meu antigo pressuposto, baseado na *philosophia perennis*, de que não poderia haver conflitos entre as verdadeiras respostas aos problemas centrais da vida.

Foi então que me deparei com Giambattista Vico e sua obra, *Scienza Nuova*. Quase ninguém em Oxford tinha ouvido falar em Vico, mas havia um filósofo, Robin Collingwood, que havia traduzido o livro de Croce sobre Vico, que me instigou a ler seus escritos. Isso me abriu para algo novo. Vico parecia estar preocupado com a sucessão de culturas humanas — toda sociedade tinha, para ele, sua própria perspectiva da realidade, do mundo no qual vivia, de si mesmo e de sua relação com seu passado e com a natureza, essa variável com a qual a primeira sempre se debateu.

Essa visão da sociedade está estampada em tudo que seus membros fazem, pensam e sentem — expressa e encarnada nos tipos de palavras, no estilo de linguagem que eles utilizam, nas metáforas, nas formas de adoração, nas instituições que ela gera, que, por sua vez, incorporam e carregam essa mesma visão da realidade e de seu lugar dentro dela; ela existe para honrar esse lugar. Essas visões diferem em cada sucessão de um todo social, onde cada um tem seus próprios dons, valores, modos de criação, incomensuráveis uns em relação aos outros: cada um deve ser entendido em seus próprios termos — entendido, não necessariamente avaliado.

Os gregos homéricos, a classe mestre, como nos conta Vico, eram cruéis, bárbaros, malvados, opressivos com os mais fracos; mas eles criaram a *Ilíada* e a *Odisseia*, coisas que não temos capacidade de fazer em nossos tempos mais iluminados. Suas grandes obras criativas pertencem a eles, e, uma vez que a visão de mundo se altera, a possibilidade de criar algo desse tipo se esvai. Nós, de nossa parte, temos nossa ciência, nossos pensadores, nossos poetas; entretanto, não existe uma escada de ascensão, desde os antigos até os modernos. Dessa forma, é absurdo dizer que Racine é um poeta melhor que Sófocles, ou que Bach é um Beethoven rudimentar. Assim como, por exemplo, dizer que os pintores impressionistas são o topo da montanha a que os pintores de Florença aspiravam alcançar. Os valores dessas culturas são diferentes, e não necessariamente compatíveis uns com os outros. Voltaire, que acreditava que os valores e os ideais dos tempos mais iluminados ao longo da história eram exceções em um mar de trevas — da Atenas clássica, da Florença da Renascença, da França no *Grand Siècle* e de sua própria época —, mas que carregavam entre si uma lógica idêntica, estava equivocado.[1] A Roma de Maquiavel na realidade nem existiu. Para Vico, o que ocorre é uma pluralidade de civilizações (ciclos repetitivos delas, mas isso não importa agora), cada uma com seus padrões únicos. Maquiavel defendeu a ideia de dois paradigmas distintos; de um lado, havia sociedades com culturas formadas por valores, nas quais os meios não existiam para atingir fins, já que eram os próprios fins. Por outro lado, ele diferenciava as sociedades que miravam fins e que, para cumpri-los, utilizavam todos os meios possíveis. Analisando de perto, percebem-se duas visões

---

1   A concepção de Voltaire de Iluminismo como essencialmente idêntico onde quer que seja alcançado parece conduzir à inescapável conclusão de que, em sua visão, Lorde Byron se sentaria de bom grado com Confúcio a uma mesa de almoço, e Sófocles se sentiria perfeitamente confortável na Florença renascentista, assim como Sêneca no salão da madame Du Deffand ou na corte de Frederico, o Grande.

de mundo diametralmente opostas, de tal forma que seria impossível uma mínima conciliação.

Em seguida, naturalmente voltei-me para Johann Gottfried Herder, o pensador alemão do século XVIII. Vico propôs uma sucessão de civilizações, porém Herder ia além e comparava culturas nacionais em várias regiões e períodos, argumentando que cada sociedade tinha o que ele descreveu como centro de gravidade, diferente para cada uma. Se, como ele almejava, realmente quiséssemos entender as sagas escandinavas ou a poesia da Bíblia, não poderíamos aplicar a eles os critérios estéticos dos críticos da Paris do século XVIII. As formas de os homens viverem, pensarem, sentirem, falarem uns com os outros, as roupas que vestem, as músicas que cantam, os deuses que veneram, a comida que ingerem, os pressupostos, os costumes, seus hábitos intrínsecos — é isso que cria uma comunidade capaz de manifestar de formas peculiares todas essas variáveis. Mesmo que possam parecer umas com as outras de várias maneiras, a verdade é que os gregos são diferentes dos alemães luteranos, e os chineses, de ambos; aquilo que cada um luta para conseguir e o que cada um teme ou adora é raramente similar.

Essa visão tem sido chamada de relativismo moral ou relativismo cultural — foi isso que aquele grande acadêmico, meu amigo Arnaldo Momigliano, por quem tenho grande admiração, supôs em relação a Vico e Herder. Ele estava enganado. Isso não é relativismo. Membros de uma cultura, graças a um esforço imaginativo, podem compreender (o que Vico chamou de *entrare*) os valores, os ideais, as formas de vida de outra cultura ou sociedade, mesmo aquelas mais remotas no tempo e no espaço. Podem até achar incompatíveis esses valores, mas, se abrirem a mente, conseguirão entender como é possível vivenciar a experiência de alteridade, comunicar-se com o outro, conseguindo, assim, viver a própria vida sob os próprios valores, mas enxergando a realidade sob a ótica de valores que não seus, admirando a completude que toda sociedade exibe em relação à vida.

«Eu prefiro café, você prefere champanhe. Temos gostos distintos. Não há nada mais a se dizer.» Isso é relativismo. Mas, na visão de Herder, não seria bem isso: eu o descreveria como pluralismo — ou seja, a concepção de que há diferentes fins que os homens buscam, e que ainda assim são seres bem racionais, completamente humanos, capazes de se entender, de sentir empatia e de obter aprendizados entre si, assim como o fazemos lendo Platão ou os romances do Japão medieval — mundos, percepções, tudo muito distante de nós. Claro que, se não tivéssemos nenhum valor em comum com essas culturas, cada uma das civilizações poderia se manter encerrada em sua bolha impenetrável, impossibilitada de se entender com a outra de qualquer forma; é nisso que a tipologia de Spengler desemboca. A intercomunicação entre culturas no tempo e no espaço só é possível porque o que nos faz humanos é comum a todas e acaba agindo como uma ponte entre elas. Porém, nossos valores são nossos, e os deles são deles. Somos livres para criticar e mesmo condenar os valores de outras culturas, mas não podemos fingir que não os entendemos, nem simplesmente tomá-los como subjetivos, produtos de criaturas em diferentes circunstâncias e com gostos diferentes dos nossos, os quais não se comunicam conosco de maneira alguma.

Esse é o mundo dos valores objetivos. Com isso, eu me refiro àqueles fins que os homens perseguem por si sós, os quais algumas pessoas tomam como meios. Não sou cego aos valores dos gregos — seus valores podem não ser os meus, mas consigo visualizar como seria viver sob tais preceitos. Consigo admirá-los e respeitá-los, inclusive imaginar a mim mesmo perseguindo-os, mesmo que na prática não o faça e não os queira para mim, e, mesmo que os quisesse, pode ser que não conseguisse atingi--los. Formas de vida se distinguem. Fins, princípios morais, são vários. Mas não infinitamente variáveis: eles têm que se situar no horizonte humano. Se não estão aí, estão, pois, fora da esfera humana. Se eu encontrar homens que adoram árvores não porque elas sejam símbolos de fertilidade ou por serem de alguma forma divinas, dotadas de uma vida misteriosa e poderes próprios, ou porque o bosque é sagrado para Atena, mas somente porque são feitas de madeira, e se eu lhes perguntar por que adoram a madeira e eles disserem apenas «porque é madeira», e não derem outra resposta — eu não saberei o que querem dizer. Se eles são humanos, não são seres com os quais poderei me comunicar — existe uma verdadeira barreira entre nós. Eles não são humanos para mim. Não posso sequer chamar seus valores de subjetivos se não consigo conceber como seria viver tal vida.

O que é claro é que valores podem se repelir — é por isso que civilizações são incompatíveis. Eles podem ser incompatíveis entre culturas, entre grupos em uma mesma cultura ou entre mim e você. Você acredita em dizer sempre a verdade, incondicionalmente: eu não, pois creio que algumas vezes ela pode ser dolorosa e destrutiva. Nós podemos discutir nossos pontos de vista, podemos tentar encontrar um denominador comum, mas, no fim, a verdade é que aquilo que você busca na vida não se alinha com os fins aos quais dedico toda a minha vida. Valores muitas vezes podem se chocar no peito de um único indivíduo; e disso não deriva a conclusão de que uns são falsos e outros, verdadeiros. A justiça, justiça realmente vigorosa, é para algumas pessoas um valor absoluto, mas não é compatível com outros tantos — compaixão, piedade —, como se percebe em alguns casos concretos.

Tanto a liberdade quanto a igualdade estão entre os valores mais perseguidos pelos seres humanos ao longo dos séculos; mas a liberdade total para os lobos significa a morte para as ovelhas; a liberdade total do poderoso, do talentoso, não é compatível com os direitos a uma existência decente para os mais fracos e menos dotados. Para criar uma obra-prima, um artista pode optar por viver a vida de uma maneira que leve sua família à miséria e pobreza, condições às quais ele pode ser indiferente. Podemos condená-lo e declarar que sua obra-prima deveria ser sacrificada em favor das necessidades humanas ou podemos ficar do seu lado — porém, ambas as atitudes representam valores que para alguns são últimos em si, e inteligíveis para todos nós se tivermos empatia, imaginação ou compreensão dos seres humanos. Equanimidade pode exigir o controle da liberdade daqueles que desejam dominar; a liberdade — pois que sem o mínimo dela não teríamos escolha, e, portanto, não haveria possibilidade de seguir sendo humanos tal como concebemos a denominação — talvez tenha que ser cerceada para dar lugar ao bem-estar social, para dar de comer aos famintos, para abrigar os sem-teto, para abrir espaço à liberdade de outros, para permitir que se exerça a justiça.

Antígona confrontou-se com um dilema para o qual Sófocles sugeriu uma solução, Sartre ofereceu outra, enquanto Hegel propôs uma «sublimação» em um nível mais elevado — pobre conforto para aqueles que agonizam sob dilemas dessa natureza. A espontaneidade, uma qualidade humana maravilhosa, não é compatível com a capacidade de organizar e planejar, com os cálculos engenhosos que nos levam a que, como e onde — dos quais depende o bem-estar de toda a sociedade. Estamos todos cientes das alternativas desesperadoras do passado recente. Deveria um homem resistir a uma tirania a todo custo, sacrificando a vida de seus pais e filhos? Deveriam crianças ser torturadas para que se extraiam informações que levem a traidores e criminosos perigosos?

Esses choques de valores são próprios de sua essência e de nossa essência humana. Se nos dizem que essas contradições serão resolvidas em um mundo perfeito no qual todas as coisas boas poderão ser harmonizadas teoricamente, devemos responder que os significados que eles atribuem a esses valores não são os mesmos que os nossos. Devemos dizer que um mundo no qual valores incompatíveis não estão em conflito está além de nossa compreensão; que princípios em harmonia nesse outro mundo não são os mesmos princípios que vivemos em nosso dia a dia e com os quais já estamos bem familiarizados; e, se eles sofreram alguma transformação, passaram a significar algo que não existe aqui na terra. E como é na terra que vivemos, é aqui que devemos crer e agir.

A noção de um todo perfeito, a última solução, em que todas as coisas boas coexistem, me parece não só meramente inalcançável — isso é um truísmo —, mas também incoerente conceitualmente; eu não sei o que quer dizer uma harmonia nesses moldes. Alguns dentre os grandes deuses não podem viver juntos. Isso é uma verdade conceitual. Estamos condenados a escolher, e cada escolha carrega consigo uma perda. Felizes aqueles que vivem sob uma disciplina que aceitam sem questionar, que obedecem livremente às ordens de seus mestres, espirituais ou mundanos, cuja palavra é totalmente aceita como uma lei sagrada; ou aqueles que tenham, por seus próprios métodos, chegado a convicções claras e intocáveis, que não admitem nenhuma dúvida, em relação a como ser e o que fazer. Eu só posso dizer que esses que se mantêm nesses leitos confortáveis do dogma são vítimas de uma forma de utopia autoinduzida, faróis que podem bastar para o contentamento, mas não para o entendimento sobre o que é ser humano.

V

Basta de objeções intelectuais, já fatais por si mesmas no que tange à noção de um estado perfeito como objetivo--mor de nossos esforços. Há, contudo, somado a isso, um obstáculo psicológico social de ordem mais prática, que pode ser colocado àqueles cuja simples fé, que vem alimentando a humanidade por tanto tempo, resiste aos argumentos filosóficos de qualquer natureza. É verdade que alguns problemas podem ser resolvidos, alguns males, curados, tanto na vida individual quanto na social. Podemos salvar o homem da fome, da miséria ou da injustiça, podemos resgatar os homens da escravidão e da prisão, e podemos fazer o bem — todo homem tem um senso básico do bem e do mal, não importa a qual cultura pertença;

porém, qualquer estudo sobre a sociedade mostra que toda solução produz uma nova situação que gera suas próprias novas necessidades e problemas, novas demandas. As crianças obtiveram o que seus pais e avós sempre desejaram arduamente — mais liberdade, mais bem-estar social, uma sociedade mais justa —, mas os velhos males foram esquecidos e as crianças enfrentam novos problemas, proporcionados pelas mesmas soluções dos velhos males. Já essas novas adversidades, mesmo que possam, por sua vez, ser solucionadas, acarretam novas situações, desaguando em futuras necessidades — e por aí vai, para sempre — imprevisíveis.

Não podemos legislar para consequências desconhecidas de consequências desconhecidas de consequências desconhecidas. Os marxistas nos dizem que, uma vez que a luta esteja ganha e a história verdadeira tenha se iniciado, os novos obstáculos que devem surgir gerarão suas próprias soluções, as quais podem ser pacificamente realizadas pelos poderes unidos de uma sociedade harmoniosa e sem classes. Isso me parece um tipo de otimismo metafísico para o qual não se encontram evidências na experiência histórica. Numa sociedade em que os mesmos objetivos são universalmente aceitos, os problemas serão somente na ordem dos meios, todos solucionáveis com métodos tecnológicos. Essa seria uma sociedade na qual a vida interior do homem, a imaginação estética, moral e espiritual não teriam lugar. Seria por isso que homens e mulheres deveriam ser destruídos, ou as sociedades, escravizadas? Utopias têm seus valores — nada expande tão brilhantemente os horizontes imaginários das potencialidades humanas —, mas isso leva a condutas que podem se provar literalmente fatais. Heráclito estava certo: as coisas não são imóveis.

Concluo, então, que a própria noção de solução final não só é impraticável, mas também, caso eu esteja correto quanto à inevitabilidade de valores se chocarem, incoerente. A possibilidade de uma solução final — mesmo que esqueçamos o terrível sentido de que essas palavras se impregnaram nos tempos de Hitler — acaba se tornando uma ilusão; e, no caso, uma ilusão extremamente perigosa. Se alguém realmente acredita que tal solução é possível, então obviamente nada o impediria de buscá-la: para tornar a humanidade justa e feliz, criativa e harmoniosa para todo o sempre — o que alguém não pagaria para atingir tal objetivo? Para fazer tamanho omelete, não há limites para o número de ovos a serem quebrados — essa era a fé de Lênin, Trótski, Mao e, até onde sei, de Pol Pot. Como conheço o caminho para chegar à solução final para a sociedade, conhecerei os caminhos pelos quais conduzir a caravana; e como você é alienado disso tudo que eu sei, não lhe é permitido fazer a menor das escolhas possíveis, visto que o objetivo final é o que conta. Você declara que determinada política o fará mais feliz, ou mais livre, ou que lhe dará mais espaço para respirar; mas eu sei que está errado, eu sei do que você precisa, sei do que todos os homens precisam; e, se houver resistência baseada na ignorância ou na maldade, então ela deve ser quebrada, e talvez milhares tenham que perecer para que milhões alcancem a felicidade. Que escolha temos nós, que possuímos o conhecimento, se não nos mostrarmos dispostos a sacrificar todos eles?

Alguns profetas armados buscam salvar a humanidade, e outros, somente sua própria raça por causa de seus atributos superiores; mas, qualquer que seja o motivo, os milhões dizimados em guerras e revoluções — câmaras de gás, gulags, genocídios, todas as monstruosidades pelas quais nosso século será lembrado — é o preço que os homens têm que pagar pelo bem-estar das futuras gerações. Se você deseja mesmo salvar a humanidade, deve endurecer seu coração, não importa o custo.

A resposta a isso foi dada há mais de um século pelo radical russo Alexander Herzen. Em seu ensaio *From the Other Shore*, que não passa de uma nota de obituário da revolução de 1848, ele disse que uma nova forma de sacrifício humano havia surgido em seu tempo, em que seres humanos morriam nos altares das abstrações: nação, Igreja, classe, progresso, as forças da história. Tudo isso fora evocado em seus dias e nos nossos: se eles exigirem a dizimação de seres humanos, devem ser satisfeitos. São essas suas palavras:

> Se o progresso é a meta, para quem estamos trabalhando? Quem é o Moloch, que, quando os guerreiros se aproximam dele, em vez de recompensá-los, se retrai; e, em consolo à exausta e malfadada multidão, berrando *morituri te salutant*, só pode dar [...] respostas escarnecedoras, dizendo que após a morte de todos eles tudo será lindo na

terra. Você realmente deseja condenar ao papel de cariátides os seres humanos vivos hoje, segurando o chão para que algum dia outros possam bailar [...] ou como escravos de galeras desprezíveis, que, enterrados na lama até os joelhos, arrastam uma barcaça [...] uma meta que é infinitamente remota não é uma meta, somente [...] um engodo; uma meta tem que ser próxima — podendo ser, no mínimo, o salário do trabalhador, ou mesmo o prazer extraído da atividade.

Se podemos ter certeza de uma coisa a respeito de todas essas utopias é da realidade do sacrifício, da agonia e da morte. Não obstante, o ideal pelo qual se morre segue sem ser realizado. Os ovos são quebrados, e o hábito de os quebrar se fortalece, mas o omelete continua invisível. Sacrifícios visando a objetivos de curto prazo, inclusive a coerção, são aceitáveis se o dilema do homem for suficientemente desesperador e requerer tais medidas. Mas holocaustos com a desculpa de metas distantes é um escárnio cruel para com tudo aquilo que os homens possuem de valor, agora e em qualquer época.

VI

Se a velha e perene crença na possibilidade de concretizar a harmonia final é uma falácia, e a posição dos pensadores que resgatei aqui — Maquiavel, Vico, Herder, Herzen — é válida, então, caso aceitemos que alguns Bens Supremos colidam, que alguns deles não conseguem viver juntos, mesmo que outros possam fazê-lo — em suma, que ninguém pode ter tudo, tanto em princípio como na prática —, e que os seres humanos talvez dependam de uma variedade de escolhas mutuamente excludentes: então, como perguntaram certa vez Tchernichevski e Lênin, «O que nos resta fazer?». Como escolhemos a partir de possibilidades? O que e quanto devemos sacrificar para quê? Não há, parece-me, uma resposta clara. Porém, mesmo que não possam ser evitados, os choques podem ser amortecidos. Podem-se balancear pretensões, alcançar compromissos: em situações concretas, nem todos os pedidos têm a mesma força — não dá para ter tanta liberdade e tanta igualdade; não dá para ter tanta condenação moral e ao mesmo tempo tentar entender a peculiaridade de cada situação; não dá para ter a aplicação total de toda a força da lei e, junto com ela, a prerrogativa da piedade; para alimentar os famintos, abrigar os sem-teto, curar os doentes. Prioridades, nunca finais e absolutas, devem ser estabelecidas.

A primeira obrigação pública é evitar sofrimentos extremos. Revoluções, guerras, assassinatos e medidas excepcionais podem ser exigidos em situações de desespero. Mas a história nos ensina que suas consequências raramente são as que foram antecipadas; não há garantias e muitas vezes nem uma probabilidade suficientemente alta de que algumas ações nos levem a uma melhora. Podemos até correr o risco de ações drásticas, tanto na vida pessoal quanto nas políticas públicas, mas devemos sempre estar cientes e nunca nos esquecermos de que podemos estar errados, de que a certeza quanto aos efeitos de tais políticas invariavelmente leva ao sofrimento evitável de inocentes. Dessa forma, temos que nos engajar no que chamamos de *trade offs*: regras, valores e princípios devem ceder entre si em variados graus, dependendo da situação em questão. Soluções utilitárias são, na maioria das vezes, equivocadas, porém, suspeito eu, muitas vezes benéficas. O melhor que pode ser feito, como regra geral, é manter um equilíbrio precário que prevenirá a ocorrência de situações desesperadoras, de escolhas intoleráveis — essa é a primeira exigência para uma sociedade decente; uma pela qual valerá sempre a pena lutar, dado nosso limitado escopo de conhecimento e de nosso entendimento imperfeito dos indivíduos e das sociedades. Certa humildade nesses assuntos é extremamente necessária.

Essa parece ser uma resposta muito direta, não o tipo de coisa pela qual os jovens idealistas desejariam, se preciso fosse, lutar e sofrer, em nome de uma sociedade nova e mais nobre. E, naturalmente, não devemos dramatizar a incompatibilidade de valores — existe uma enorme gama de amplos acordos entre pessoas em diferentes sociedades ao longo de vários períodos históricos sobre o que constitui o certo e o errado, bem e mal. É óbvio que tradições, percepções e atitudes podem se diferenciar de forma legítima; princípios gerais podem transpor várias necessidades humanas. A situação concreta é quase tudo. Não há escapatória, é preciso decidir enquanto decidimos; os riscos morais não podem, grande parte das vezes, ser evitados. Tudo que podemos pedir é que nenhum dos fatores relevantes seja descartado, que o objetivo que busquemos realizar seja visto como elemento de uma forma de vida como um todo, a qual pode ser melhorada e danificada em função de decisões.

Mas, no fim, nunca se trata de um julgamento puramente subjetivo: ele é, sim, ditado por modelos de vida da sociedade a que alguém pertence, uma sociedade dentre outras, com valores que sejam comuns, que estejam ou não em conflito, para a maior parte da humanidade ao longo da história. Existem, se não valores universais, uma taxa mínima sem a qual as sociedades não conseguiriam nem ao menos sobreviver. Poucos hoje em dia ousariam defender a escravidão, os rituais de morte, as câmaras de gás nazistas ou a tortura de seres humanos por prazer ou por lucro, ou mesmo pelo bem político, ou o dever das crianças de denunciar seus pais, o que as revoluções francesas e russas exigiam, ou uma matança desenfreada. Não há a menor justificativa para isso. Mas, por outro lado, a receita para a perfeição me parece a fórmula para o derramamento de sangue, ainda que receitada pelo maior dos idealistas, com o mais puro dos corações. Até Immanuel Kant, o mais rigoroso dos moralistas que já existiu, disse, em um momento de iluminação, «do tronco torto do gênero humano, nada reto poderia sair». Forçar as pessoas para dentro de uniformes impecáveis exigidos pelos esquemas dogmaticamente aceitos é quase sempre o caminho para a desumanidade. Podemos fazer somente o que podemos: no entanto, temos que fazer, mesmo contra todas as dificuldades.

Naturalmente que choques políticos e sociais ocorrerão; o mero conflito de valores positivos por si só faz com que isso seja inevitável. Mesmo assim, acredito que possam ser minimizados, caso se promova e seja preservado um equilíbrio que é sempre ameaçado e, por isso, necessita reparos constantes — essa é, sozinha, eu repito, a precondição para a existência de sociedades decentes e para os comportamentos morais aceitáveis, sob pena de nos perdermos no caminho. Uma solução um tanto quanto sem graça, você pensará. Não é o tipo de coisa que clama por uma ação heroica e de líderes inspirados. No entanto, se houver alguma verdade nessa visão, talvez ela já valha a pena. Um eminente filósofo americano de nossos tempos disse certa vez que, *a priori*, não há uma razão para crer que a verdade, quando descoberta, vai se provar interessante.[2] Seria suficiente se ela se provasse verdadeira, ou mesmo uma aproximação disso; consequentemente, não me sinto culpado por

---

2 «If the truth should be complex and somewhat disillusioning, it would still not be a merit to substitute for it some more dramatic and comforting simplicity» [tradução livre: Se a verdade for complexa e de alguma forma decepcionante, ainda assim não seria um mérito substituí-la por uma simplicidade mais dramática e reconfortante]. C. I. Lewis, *Mind and the World-Order: Outline of a Theory of Knowledge*. Nova York: Dover, 1929, p. 339.

defender tal ponto de vista. A verdade, disse Tolstói, «foi, é e sempre será linda».[3] Não sei se é bem assim no campo da ética, mas me parece próxima o suficiente daquilo em que a maioria de nós quer acreditar para não ser sutilmente deixada de lado.

---

3   Tolstói, *Sevastopol in May*, cap. 16.

*Em 25 de novembro de 1994, Isaiah Berlin
aceitou o grau honorário de doutor em leis
da Universidade de Toronto. Ele preparou
o seguinte «credo breve» (como ele mesmo
chamou, em uma carta a um amigo) para a
cerimônia, na qual o texto foi lido em seu nome.*

Uma mensagem
para o século xxi

«Foi a melhor das épocas, foi a pior das épocas.» Com essas palavras, Dickens inicia seu famoso romance *Um conto de duas cidades*. Porém, infelizmente, esse não é o caso de nosso terrível século. Os homens vêm destruindo uns aos outros através dos milênios, mas os feitos de Átila, o Huno, Genghis Khan, Napoleão (este, que nos apresentou ao extermínio em massa nos tempos de guerra) ou até mesmo o massacre armênio murcham em insignificância diante da Revolução Russa e suas ramificações: a opressão, a tortura, assassinatos que podem ser lançados na conta de Lênin, Stálin, Mao, Pol Pot e a sistemática falsificação de informações que impedia que todas essas atrocidades se tornassem de conhecimento público — isso sim foi sem paralelo na história. Esses não foram desastres naturais, mas crimes perpetrados por homens que poderiam ter sido evitados, independentemente do que pensam os mais empedernidos deterministas históricos.

Falo do meu ponto de vista, e sou um homem bastante velho, vivi quase o século todo. Minha vida foi serena e segura e me sinto quase envergonhado por isso diante do que aconteceu com tantos outros seres humanos. Não sou um historiador, por isso não posso falar com autoridade sobre as causas desses acontecimentos horríveis. Mas talvez eu possa tentar.

Eles não foram, na minha opinião, causados pelos sentimentos negativos mais mundanos dos seres humanos descritos por Spinoza, quais sejam: medo, cobiça, ódio tribal, inveja, amor pelo poder; apesar de obviamente cada um deles ter contribuído à sua maneira. Na verdade, foram consequência de ideias, ou melhor, de uma ideia em particular. É de certa forma paradoxal que Karl Marx, que sempre menosprezou a importância das ideias em comparação com as sempre indiferentes forças econômicas e sociais da história, tenha, por meio de seus escritos, transformado o século XX de forma tão maciça, tanto na direção que ele almejava quanto, por reação, em seu contrário. O poeta alemão Heine, em uma de suas famosas obras, nos impele a não subestimar o filósofo silencioso abstraído em seus estudos; se Kant não houvesse desossado a teologia, argumenta ele, Robespierre provavelmente não teria decapitado o rei da França.

Ele previu que os discípulos armados dos filósofos alemães — Fichte, Schelling e outros paladinos do nacionalismo alemão — destroçariam eventualmente os grandes monumentos da Europa Ocidental com tal fúria destruidora que fariam a Revolução Francesa se rebaixar a uma categoria de lendas infantis. Por mais que soe como uma injustiça para com os metafísicos teutônicos, a verdade é que o fulcro das ideias de Heine apresenta uma solidez desconcertante: de maneira distorcida, a ideologia nazista foi produto do anti-iluminismo alemão. Há homens que matam e ferem com uma consciência assaz tranquila sob a blindagem de palavras e escritos daqueles que possuem a fé inabalável de que a perfeição pode ser alcançada.

Posso explicar: se você estiver convencido de que existe uma solução para todos os problemas humanos e de que alguém possui uma visão de uma sociedade que pode se concretizar apenas seguindo certos passos por vez, você e seus seguidores necessariamente garantirão que nada no caminho atrapalhe o trajeto em direção ao suposto paraíso na terra. Obviamente, só os estúpidos ou os de má-fé se colocariam contra tal empreitada, e as palavras da persuasão lhes seriam oferecidas. Caso esses alienados não fossem tocados pela «verdade», leis sob medida seriam criadas para cerceá-los; caso o império das leis se demonstrasse abstrato em demasia, a força da violência viria em seu respaldo; em última instância, lançar-se-ia mão do terror e da carnificina. Lênin passou a acreditar nisso depois de ler *O capital* e pregava assiduamente que uma sociedade mais justa, pacífica, feliz, livre e virtuosa poderia ser erigida graças a suas instruções, de forma que os fins justificavam todo e qualquer meio que precisasse ser usado.

O que sustenta essa convicção é a ideia de que existe uma única resposta para as aflições humanas, tanto no plano social quanto no individual, e que cabe a nós descobri-la. Uma vez vinda à luz, cabe a nós implementá-la, e seus descobridores são os líderes cujas palavras possuem força de lei. A ideia de que para cada pergunta genuinamente de ordem filosófica há apenas uma resposta é uma noção antiga na filosofia. Os grandes filósofos atenienses, judeus e cristãos, os pensadores da Renascença e da Paris de Luiz XIV, os reformadores radicais franceses do século XVIII, os revolucionários do século XIX — não importa quão diversa a resposta se apresentasse em cada período ou quais fossem os meios para se chegar a ela (lembrando sempre que guerras foram travadas em função disso), todos estavam convictos de que detinham a resposta e de que nada além dos vícios e da ignorância poderia interromper sua realização.

Essa é a ideia à qual eu me referia, e o que pretendo lhes dizer é que ela é falsa. Não somente devido ao fato de que as diversas escolas defendem soluções distintas entre si e que nenhuma delas pode ser provada sob as lentes racionais, mas também por um motivo ainda mais profundo. Os valores centrais pelos quais os homens viveram ao longo dos tempos, independente da época e da cultura local, por mais que não fossem universais, tampouco eram harmoniosos entre si. Logicamente que alguns valores são congruentes entre si; no entanto, outros não. Os homens sempre almejaram liberdade, segurança, equanimidade, felicidade, justiça, conhecimento e assim por diante. Mas a liberdade completa é incompatível com a equanimidade total — se os homens fossem totalmente livres, os lobos não teriam amarras para evitar que devorassem as ovelhas. Uma perfeita equanimidade significa que algumas liberdades humanas devem ser restringidas no intuito de frear os mais habilidosos e mais inteligentes de dominarem os mais frágeis, caso a livre competição fosse posta em prática. A segurança, e mesmo a liberdade, não pode ser preservada se existir para ser subvertida. A verdade é que não é todo mundo que busca segurança e liberdade; do contrário, algumas pessoas não se arriscariam na busca por glórias nas guerras ou mesmo nos esportes radicais.

A justiça sempre foi um ideal humano, mas ela não é inteiramente compatível com a piedade. Imaginação criativa e espontaneidade, graças por si mesmas, não podem ser plenamente conciliadas com a necessidade de planejamento, organização e cálculos cuidadosos e meticulosos. O conhecimento, ou seja, a procura pela verdade, o mais nobre dos objetivos, não pode ser alinhado com a felicidade ou com a liberdade que os homens tanto desejam, uma vez que, quando eu souber que sofro de uma doença incurável, tal consciência não me deixará mais radiante ou mais livre. Deverei sempre escolher: entre paz e diversão, conhecimento ou a santa ignorância. E por aí vai.

Sendo assim, o que se pode fazer para segurar os campeões, algumas vezes um tanto quanto fanáticos, de alguns desses valores, já que cada um tende a sobrepujar o outro, assim como os grandes tiranos do século XX o fizeram com a vida, a liberdade e os direitos humanos de milhões porque seus olhos estavam voltados para um suposto futuro dourado e definitivo?

Infelizmente, temo não ter na manga uma resposta retumbante para essa questão: creio apenas que, se realmente estamos em busca desses valores mais etéreos da condição humana, somos necessariamente obrigados a fazer concessões, forjar compromissos, lançar mão de custos de oportunidades e nos organizar para que o pior não nos assombre. É muita liberdade para muita equanimidade, assim como muito individualismo para tanta segurança, sem mencionar a crescente necessidade de justiça para preencher todo o discurso da compaixão. Meu ponto básico é que algumas virtudes batem de frente com outras: os fins perseguidos pelos seres humanos são todos gerados pela nossa natureza em comum, mas suas buscas devem ser, de alguma maneira, controladas — a liberdade e a procura pela felicidade, repito, podem não ser totalmente compatíveis uma com a outra, nem a liberdade, a equanimidade e a fraternidade.

É por isso que nos cabe pesar, negociar, nos comprometer e prevenir o esfacelamento de uma delas pelas mãos de suas rivais. Eu sei bem que essa não é uma bandeira muito atraente, que faria jovens ensandecidos e delirantes marcharem enrijecidos pelos bulevares — parece muito polido, muito razoável, até mesmo muito elitista, de certa sutileza que não atiça o caldeirão de emoções humanas. Mas vocês precisam crer em minhas palavras: ninguém consegue tudo aquilo que deseja — não somente na prática, mas também em teoria. A negação desse fato, a corrida por um único e abrangente ideal que aplacará os males da humanidade, nos levara somente à coerção bruta. Posteriormente, a coerção descambará em destruição, sangue — ovos são quebrados, porém o vislumbre do omelete não chega, e o que resta é uma infinidade de ovos, vidas humanas, prontos para a quebradeira. No fim, os mais ardorosos idealistas acabam esquecendo o omelete, mas seguem quebrando ovos.

Fico contente de atestar, ao fim de minha vida, que uma percepção dessa realidade esteja ficando mais clara. Racionalidade e tolerância, sempre raras na história humana, não são desprezadas. A democracia liberal, apesar da nova corja de fanáticos modernos e do nacionalismo fundamentalista, está se espalhando. As grandes tiranias ou já estão se despedaçando ou caminham firmemente nessa direção — nem mesmo a China atual ficará de fora. Estou contente porque você, a quem me dirijo neste momento, verá o século XXI, uma época que, tenho certeza, será muito melhor para a humanidade do que foi a minha. Eu o felicito por sua sorte grande; sinto-me mal por mim mesmo, que não terei a chance de testemunhar esse futuro brilhante — futuro que estou seguro de que virá. Depois de todo o pessimismo que preguei ao longo dos anos, fico contente por finalizar com uma nota de otimismo. Existem boas razões que a justificam.

Biblioteca **Âyiné**

1 Por que o liberalismo fracassou?
Patrick J. Deneen

2 Contra o ódio
Carolin Emcke

3 Reflexões sobre as causas da liberdade e da opressão social
Simone Weil

4 Onde foram parar os intelectuais?
Enzo Traverso

5 A língua de Trump
Bérengère Viennot

6 O liberalismo em retirada
Edward Luce

7 A voz da educação liberal
Michael Oakeshott

8 Pela supressão dos partidos políticos
Simone Weil

9 Direita e esquerda na literatura
Alfonso Berardinelli

10 Diagnóstico e destino
Vittorio Lingiardi

11 A piada judaica
Devorah Baum

12 A política do impossível
Stig Dagerman

13 Confissões de um herético
Roger Scruton

14 Contra Sainte-Beuve
Marcel Proust

15 Pró ou contra a bomba atômica
Elsa Morante

16 Que paraíso é esse?
Francesca Borri

17 Sobre a França
Emil Cioran

18 A matemática é política
Chiara Valerio

19 Em defesa do fervor
Adam Zagajewski

20 Aqueles que queimam livros
George Steiner

21 Instruções para se tornar um fascista
Michela Murgia

22 Ler e escrever
V. S. Naipaul

23 Instruções para
os criados
Jonathan Swift

24 Pensamentos
Giacomo Leopardi

25 O poeta e o tempo
Marina Tsvetáeva

26 O complô no poder
Donatella Di Cesare

27 Sobre o exílio
Joseph Brodsky

28 Uma mensagem
para o século XXI
Isaiah Berlin

Dados Internacionais de Catalogação na Publicação (CIP)
(Câmara Brasileira do Livro, SP, Brasil)

Berlin, Isaiah, 1909-1997
   Uma mensagem para o século XXI / Isaiah Berlin ;
tradução André Bezamat. -- Belo Horizonte, MG :
Editora Áyiné, 2023.

   Título original: The pursuit of the ideal (the
crooked timber of humanity) a message to the
twenty-first century
   ISBN 978-65-5998-079-6

   1. Filosofia inglesa 2. Ideologia 3. Humanidade -
História I. Título.

23-160508
CDD-192

Índices para catálogo sistemático:
1. Filosofia inglesa 192
Eliane de Freitas Leite - Bibliotecária - CRB 8/8415

Composto com a tipografia
Mrs Eaves XL, desenhada
por Zuzana Licko em 2009.
Belo Horizonte, 2023.